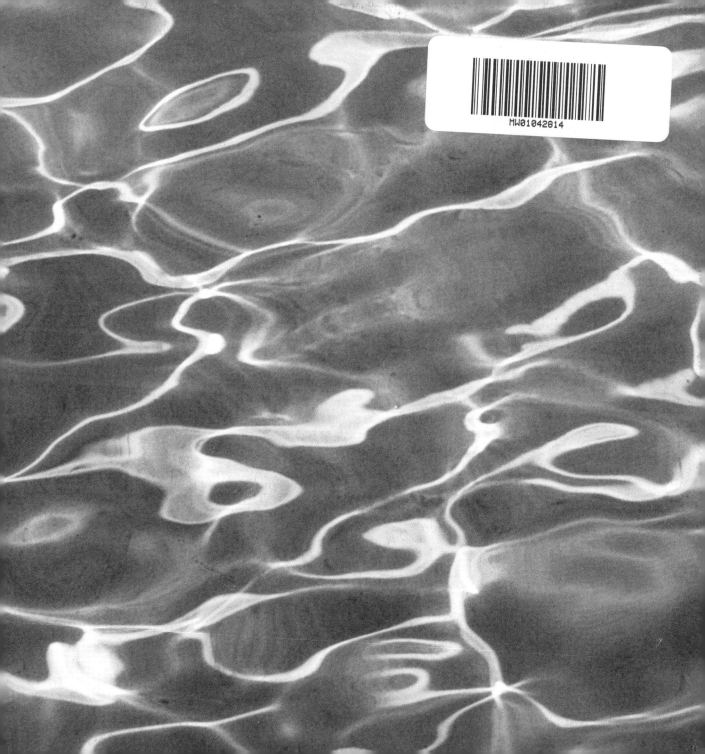

DK

Un livre de Dorling Kindersley

Texte de Christopher Maynard
Sous la direction de Caroline Bingham
Texte français de Jocelyne Henri
Rédactrice artistique Claire Penny
Directrice artistique Jane Horne
Directrice à la rédaction Mary Ling
Production Ruth Cobb
Consultante Theresa Greenaway
Recherche photographique Tom Worsley

Photographies supplémentaires Max Gibbs, Steve Gorton,
Frank Greenaway, Dave King, Susannah Price, Peter Gardner,
Tim Ridley, David Rudkin, Clive Streeter, Philip Dowell

Édition originale publiée en Angleterre en 1997,
par Dorling Kindersley Limited, 9 Henrietta Street, London WC2E 8PS.
Exclusivité en Amérique du Nord : Les éditions Scholastic,
175, Hillmount Road, Markham (Ontario) L6C 1Z7, avec la permission
de Dorling Kindersley Limited.

ISBN : 0439-00426-8
Titre original : WHY are there waves?
Reproduction couleur Chromagraphics, Singapour
4321 Imprimé en Italie par L.E.G.O. 89/901234/0
L'éditeur tient à remercier aussi les personnes suivantes
pour lui avoir permis d'utiliser leurs photos :
h haut, b bas, g gauche, d droit, c centre,
DC dos de la couverture, C couverture
Bruce Coleman Collection : Nick de Vore 14bg, 18-19c; James Davis :
10-11c; The Image Bank : G Brimacombe 8-9c; Images Colour Library :
13cd, 17hd, 20cg; The National Trust : Ian Shaw 7hd;
Pictor International : 12-13c; Rex Features : 12bg; Tony Stone Images :
20-21c, DC cb, Lori Adamski Peek 16-17c, Martin Barraud 15bd,
John Lawrence 6-7c, Dennis O'Clair 21hd, James Randklev 9bd,
World Perspectives 15cd; Telegraph Colour Library : C cb, 14-15c,
pages de garde

Questions

POURQUOI

il y a des vagues?

et autres questions sur l'eau

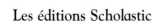

068673

Les éditions Scholastic

Pourquoi l'eau resssemble

Tous les objets renvoient la lumière dans tes yeux pour te permettre de les voir. Quand les arbres se reflètent dans un lac calme, les rayons lumineux rebondissent sur l'eau et produisent une image claire comme le fait un miroir.

Pourquoi tu as besoin d'eau?

L'eau est l'élément principal de plantes et des animaux. Ton corps est constitué d'environ 60 % d'eau.

n miroir?

Pourquoi les rivières coulent toujours dans la même direction?

Parce que l'eau ne peut pas couler vers le haut, toutes les rivières du monde s'écoulent vers le point le plus bas, c'est-à-dire la mer.

ıns eau, les plantes se dessèchent et eurent. Chaque jour, ton corps perd viron 2,5 litres d'eau, c'est pourquoi il ut que tu lui en donnes régulièrement.

L'eau est composée de particules appelées molécules. Quand tu chauffes l'eau, les molécules se déplacent. Plus l'eau est chaude, plus elles se déplacent vite. Il y en a même qui s'échappent dans l'air sous forme de vapeur.

Pourquoi le verre se couvre de buée?

Quand l'air chaud et humide frappe le verre froid, il se refroidit rapidement.

en vapeur?

Pourquoi l'eau bouillante fait des bulles?

Quand l'eau atteint 100 °C, elle se transforme en vapeur. L'effet est tellement rapide au fond de la casserole que la vapeur fait des bulles en s'élevant dans l'eau.

la vapeur d'eau redevient liquide et forme de la buée sur le verre. Souffle sur un miroir froid et tu le constateras.

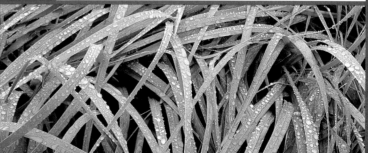

Si l'eau atteint 0 °C, les petites molécules qui la composent ralentissent tellement qu'elles se collent les unes aux autres et l'eau devient solide. C'est ce qu'on appelle la glace.

Pourquoi les poissons ne gèlent pas dans l'eau glaciale?

La glace est plus légère que l'eau et flotte à la surface. En dessous, l'eau

Pourquoi la glace est collante?

Au contact du cube de glace, la mince couche d'humidité au bout de tes doigts peut geler. Attention d'y rester coller!

reste plus chaude de plusieurs degrés, ce qui convient parfaitement aux poissons d'eau douce.

Pourquoi les galet:

Quand tu lances un galet dans l'eau, chaque ondulation est une petite vague déclenchéc par l'impact du galet sur la surface. Les ondulations se produisent parce que l'eau est un liquide.

Pourquoi les rivières débordent?

À la fonte des neiges ou à la suite de fortes tempêtes,

'ont onduler l'eau?

Pourquoi les rivières sont si sinueuses?

Si le terrain était égal, les rivières s'écouleraient en droite ligne. Mais elles doivent contourner les rochers et les collines pour se frayer un chemin jusqu'à la mer.

l'eau afflue dans les rivières. Le niveau de l'eau monte, et les rivières débordent sur les rives et inondent la terre ferme.

Pourquoi il y a de

Les vagues sont formées par le vent. Quand le vent balaie la surface de l'eau, il forme de petites vagues. Quand il se déchaîne, les petites vagues s'empilent et deviennent aussi grosses que des collines.

Pourquoi l'eau de mer est si salée?

Les rivières transportent des sédiments et des minéraux,

Pourquoi la marée descend?

Deux fois par jour, la mer monte et descend. Ces marées sont provoquées par la Lune. Tandis que la Lune tourne autour de la Terre, son attraction attire la mer vers la rive et la repousse, comme un aimant géant.

mme le sel, et les déversent dans les éans. L'eau de mer s'évapore peu à u, mais pas le sel. Avec le temps, au est devenue de plus en plus salée.

Quand tu as chaud, les glandes dans ta peau laissent échapper des gouttelettes d'eau salée, qui s'évaporent rapidement et te rafraîchissent.

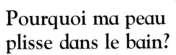

Pourquoi ma peau plisse dans le bain?

Si tu restes longtemps dans le bain, les couches supérieures de ta peau absorbent de l'eau, gonflent comme un grain de riz et deviennent ridées et bosselées.

16

n courant?

Pourquoi l'eau me vient à la bouche?

Quand ton cerveau sait que c'est l'heure de manger, il dit à ta bouche de se préparer et de produire de la salive pour t'aider à mastiquer et amorcer le processus de digestion.

Pourquoi les chameaux n'ont pa

Le chameau a un estomac énorme, et il peut boire jusqu'à 114 litres d'eau à la fois. Il emmagasine si bien l'eau qu'il peut se priver de boire pendant 10 mois.

Pourquoi certaines créatures arrivent à marcher sur l'eau?

Les particules de l'eau s'attirent entre elles. Celles de la surface so

esoin de boire souvent?

Pourquoi les cactus ont besoin de si peu d'eau?

Les cactus supportent des semaines sans pluie en emmagasinant l'eau dans leurs tiges épaisses et charnues. Ils n'ont pas de feuilles qui sécheraient rapidement sous le soleil, mais ont des épines.

toujours attirées par celles du dessous. Cette tension crée une «peau» sur l'eau qui peut supporter les petits insectes.

Pourquoi je ne peux pa

Les poissons peuvent respirer sous l'eau grâce à leurs branchies, qui laissent entrer et sortir l'eau et filtrent l'oxygène. Tes poumons te permettre de respirer

Pourquoi je flotte mieux dans l'eau de mer?

L'eau de mer contient beaucoup de sel. Elle est donc plus dense que l'eau de la piscine ou du lac et peut mieux supporter le poids de ton corps.

espirer sous l'eau?

uniquement de l'air. Si tu voulais faire comme e poisson, tu te noierais.

Pourquoi on porte des lunettes de plongée?

Si tu aimes garder les yeux ouverts dans l'eau, les lunettes de plongée protégeront tes yeux du chlore et du sel. Elles te permettront aussi de voir plus clairement.